Made in the USA
Las Vegas, NV
08 November 2023

80475224R00083